AF310857

ARRESTATIONS A TULLE

SOUS LA TERREUR

PAR

VICTOR FOROT

Ingénieur civil

PRÉSIDENT DE LA SOCIÉTÉ D'ETHNOGRAPHIE DU BAS-LIMOUSIN

Chevalier et officier

de plusieurs ordres français et étrangers

TULLE

IMPRIMERIE CRAUFFON ADMINISTRATIVE ET COMMERCIALE

1, Rue Général Delmas 1

1905

ARRESTATIONS A TULLE

SOUS LA TERREUR

Un décret de l'Assemblée constituante, en date du 21 mars 1793, instituait les *Comités de Salut public*. En vertu de ce décret, Tulle devait nommer douze membres pour former son comité, quatre membres par section. Ce ne fut que vers le milieu du mois de mai suivant que ces élections eurent lieu et, dans sa séance du 16 mai 1793, le Conseil général de la commune donna lecture des procès-verbaux des trois sections de la ville [1] : « La section des cy-devant Feuillants avait nommé les citoyens Rigolle, Libouroux, Valade et Baratier aîné. Celle des cy-devant Carmes les citoyens Peuch, Roume, Régis et Sarget père, et celle des cy-devant Récollets, les citoyens Floucaud, Bleygeat, Clercy aîné et Dulignon. Tous lesquels susdits membres désignés pour la formation du susdit *Comité de Sureté publique* ont été convoqués à la présente séance qui, icy presents,

(1) Archives de la mairie de Tulle D. 1 vol. 2 folio 84.

ont pretté individuellement le serment d'être fidelle à la République, d'en maintenir l'unité et l'indivisibilité ou de mourir à leur poste en le défendant. »

« Et d'après ce, le conseil a arrêté que les susdits membres tiendront provisoirement leur séance dans la salle du collège. »

Dans sa première séance, les membres présents, jugeant que le décret n'était pas assez explicite sur les attributions du comité, décidèrent d'adresser une lettre aux citoyens députés du département, afin de connaître les limites de leurs attributions.

Voici cette lettre, qui fut envoyée au député Brival pour être communiquée, par lui, aux deux autres députés de la Corrèze, les citoyens Borie et Lanot [1] :

Citoyens représentants,

En exécution du décret du 21 mars dernier, les sections composant la commune de la ville de Tulle, sur une liste présentée par la société populaire, ont nommé douze membres pour former un comité de salut public. Ce comité est dans ce moment en exercice, les membres qui le composent sont de vrais républicains, ils tiendront leur serment, mais au vu du décret relatif à leur commission, il paraît qu'elle ne s'étend et se borne seulement à recevoir les déclarations des étrangers résidant actuellement dans la commune de Tulle et de celle de ceux qui pourraient arriver. Cette mission, quoique très importante, ne nous donnera pas beaucoup d'occupation, si elle ne s'étend plus loin. Nous voulons faire notre devoir, contenter les bons citoyens, ainsi que nos commettants ; si par le fait le comité de surveillance était réuni à celui du salut public, comme nous le présumons, nous prendrons d'autres mesures et moyens de surveiller impérieusement nos ennemis.

(1) Archives de la mairie de Tulle.

Le comité assemblé vous prie, citoyens représentants, de nous éclairer là-dessus en nous exprimant clairement tous les objets sur lesquels notre mission doit porter, ainsi qu'elle est l'étendue de nos pouvoirs, pour que nous puissions les remplir avec toute l'exactitude et la franchise dues à de bons républicains ; il vous prie de même de communiquer la présente aux citoyens Borie et Lanot.

Les membres présents du Comité :

Dulignon, Valade, Rigolle, Baratier,
Peuch, Clercy aîné, Libourou.

Le citoyen représentant à la Convention nationale répondit :

Le 26 mai, 1793, l'an II° de la République française.

Il ne m'est pas possible, citoyens, de vous donner aucune instruction sur le décret du 21 mars ; c'est dans votre amour pour le bien public que vous devez trouver la règle de votre conduite ; comme vous, je suis membre d'un comité et d'un comité bien important (celui de sûreté générale). Lanot notre concitoyen en est membre aussi, eh bien lorsque le salut public l'a exigé, lui et nos collègues, nous avons pris des mesures que les circonstances rendaient nécessaires, et qui n'avaient d'autre autorité que notre responsabilité personnelle ; pour un républicain, l'abandon de sa fortune et de son existence ne sont rien lorsque le bien de tous en commande le sacrifice.

J'ai communiqué, comme vous le désirez votre lettre à Borie et Lanot, ils pensent, comme moi, qu'on ne peut pas commenter la loi, et qu'il n'est permis de s'en écarter que lorsque le salut de tous l'exige, parce qu'alors le salut du peuple est la suprême loi. Tout à vous, votre concitoyen et ami.

Brival.

Ce comité tint peu de séances en 1793, mais en vertu du même décret de la Constituante, les trois corps administratifs du département constituèrent un *Comité de surveillance* appelé à Tulle *Comité central.* — Deux sections furent établies ; l'une devait s'occuper d'élaborer les moyens de défense, de l'armement, des munitions et de la levée des hommes. L'autre avait pour mission spéciale la découverte des complots contre la République.

Comme le Comité du Salut public, auquel il se substituait d'ailleurs, le Comité central jura de maintenir la République jusqu'à la mort et prêta « le serment du silence ».

La première décision de ce Comité central fut l'arrestation des suspects *Melon de Pradou* ; *Vialle, potier d'étain* ; *Rabanide, avocat* [1] et autres.

C'est sur ce dernier que nous possédons les documents qui font l'objet de ces quelques pages.

M. V. de Seilhac raconte ainsi comment et pourquoi Rabanide fut arrêté [2] :

Un des prisonniers du collège s'était glissé jusqu'à la croisée de la salle de la Société populaire. Il entendit proclamer son nom sur la liste des justiciables du tribunal révolutionnaire ; il entendit le discours du rapporteur qui devait faire l'objet de l'admiration du citoyen Romme (3) : sa tête s'égara ; il courut à sa cellule située au troisième étage, et se précipita par la fenêtre.

La société populaire est encore en séance. On annonce ce suicide. Sans désemparer, elle s'occupe de donner un successeur au suicidé. Vingt noms d'aristocrates sont proposés : on ne peut se mettre d'accord ; le hasard en décidera. Les noms proposés, inscrits sur des billets, furent mis dans un chapeau : un enfant prit un des billets. Le sort désigna M. Rabanide. M. Rabanide réunissait les pauvres et faisait d'abondantes aumônes. On écrivit sur son tableau : « Fait des réunions de pauvres pour provoquer la contre-révolution. »

---

(1) Archives de la mairie de Tulle.

(2) *Scènes et Portraits de la Révolution en Bas-Limousin,* pages 616 et 617.

(3) Romme, professeur de mathématiques, fut nommé à la Convention nationale par le département du Puy-de-Dôme.

Nous ne nous arrêterons pas à rechercher, dans cette version de **M.** de Seilhac, ce qu'il peut y avoir mis de cette fantaisie qu'on rencontre souvent dans le cours de son livre très empreint d'un esprit de partialité, nous verrons plus loin comment Rabanide s'en explique lui-même.

Aussitôt après l'incarcération de Rabanide, les scellés furent apposés dans sa maison d'habitation, rue de la Barrière à Tulle, ainsi qu'on le constate par la pétition ci-après [1] :

AUX CITOYENS ADMINISTRATEURS DU DIRECTOIRE DU DISTRICT DE TULLE

La citoyenne Tramond vous expose que les scellés ont été apposés ce matin dans la maison de son mary et qu'on ne luy a laissé de libres que deux chambres au second étage, sur la rue, elle aurait besoin de la cuisine et d'un petit bouge qui est au troisième, pour faire coucher le garde qu'on a mis dans la maison ; dans le bouge, sont les coffres que ferment les servantes et dans lesquels sont leurs hardes dont elles ont un extrême besoin, cependant les scellés ont été également mis sur les coffres.

Veuillez, citoyens administrateurs, prendre les mesures convenables pour qu'on laisse libres à l'exposante la cuisine et le bouge et que les scellés apposés sur les coffres des servantes soient levés.

TRAMOND-RABANIDE.

Renvoyé devant les citoyens commi[res] qui ont apposé les scellés cy dessus.

En la Maison commune, le neuf germinal.

FLOUCAUD, **maire.**

Renvoyé à la mp[té] de Tulle qui prendra des renseig[ts] et donnera son avis.

[1] Pièce de nos archives.

Au district, le 9 germinal l'an 2 de la Rép. f° une ind^{ble}.

Juyé, vic p^d

Navoir lieu adeliberer quan a presen, Tulle ce 9° germinal lan 2me de la R^{que} f^{se} une et indivisible ; attendus que le garde peut coucher dans le lit du metre.

Pauphille off. m.
Tramond, faisent pour Pranchaire,
Pranchère.

Madame Rabanide ne se tint pas pour battue, elle adressa, six semaines après, aux administrateurs du district, la pétition suivante [1] :

AUX CITOYENS administrateurs du Directoire du district.

Françoise Trammond femme de Jean-Baptiste Rabanide detenu, vous représente que les scélés ont été apposés dans la maison de son mari eu cette commune, on n'a laissé à l'exposante, pour elle et pour deux servantes, et pour un garde, que deux petites chambres qui n'étoient qune chambre apresent separée en deux, on ne lui a laissé que quelque linge de corps et de table, elle en avait fait mettre une partie à la lescive qui a été saisie entre les mains de la blanchisseuse, il y a de plus quelque peu de commestible sous les scéllés ainsi que quelque peu de bois à bruler.

L'exposante demande qu'il lui soit octroyé main levée provisoire des meubles, ustensilles et linge saisis, inventaire prealablement fait, ainsi que de la decharge du garde, sous l'offre qu'elle fait de donner bonne et suffisante caution de representer le tout à la première requisition, de plus il sera ordonné qu'il lui soit fait ouverture des apartemens necessaires pour se loger elle et les domestiques.

Tramond-Rabanide.

Renvoyé à la mp^{to} de Tulle qui prendra des renseig^{ts} et donnera son avis.

Au district, le 17 floreal lan 2 de la Rep^{blq} une et ind^{ble}.

Juyé, vic p^d.

(1) Pièces de nos archives.

7ᵉ Rég., nº 30ᴖ, fol. 70. V 5 du district.

Renvoyé au Comité de surveillance pour donner son avis (*à la suite se trouvent les mots suivants qui sont rayés de traits de plume*) « et statuer ce que de droit pour deusuitte a nous rapporté etre donné droit ainsy quil apperd. »

Tulle, en la Maison Commune, le 21 floréal 2ᵉ an R. u et ind.

BARDON, maire.
RIGAUDIE, off. m.

Vu les demandes exorbitante faitte par la petitionaire etants contraire a la loi, le comité en seance apres mure deliberation panse que la demoiselle Tramond Rabanide voudrat bien se restreindre dans ses demandes. Délibéré en laditte seance le 21 floreal lan 2ᵉ de la Republique une et indivisible.

BARATIER, presid., CHASTANG, PRANCHERE,
TRAMOND, MENAGER, VERGNE, LACOMBE.

Vu la petition cy dessus, les renvois y mis avec les observations du Comité de surveillance.

La municipalité, ouï l'agent national, estime qu'il doit être fait main levée à la petitionnaire de sa garde robe, ensemble de ses nippes, linge et hardes ; 2º quil doit lui etre accordé l'usage de la cuisine, ensemble du mobilier necessaire pour se preparer ses aliments, ensemble du linge nécessaire, soit pour se coucher, soit pour l'usage de la table, duquel linge, meuble sera fait etat par le commissaire qui en fera la délivrance pour la representation desquels objets elle donnera caution ; 3º qu'il doit lui etre aussy fait delaissement de la farine existante dans la dite cuisine, ensemble d'un cercle de bois pour servir a préparer ses aliments, et qu'a cet effet les scellés seront levés par les commissaires qui les ont apposés.

Fait en la maison commune le 22ᵉ floréal l'an 2ᵉ de la République une et indivisible.

BARDON, maire.
SOLEILHET, off. mᵃˡ.

Vu la petition cy dessus, ensemble l'avis de la mᵗᵉ, ladᵒⁿ du district de Tulle, oui l'agent nat., est d'avis qu'il doit etre

delivré a la petitionnaire, et qu'elle doit obtenir main levée de
sa garderobe, de son linge et hardes, quil doit lui être adjugé
lusage de la cuisine et des ustencille nécessaires pour la pre-
paration de ses aliments et le linge nécessaire, tant pour la
table que pour sa chambre a coucher, que la farine existante
dans lad. cuisine doit aussi luy etre delivrée de meme qun
cercle de bois, qua cet effet les memes commissaires qui ont
apposé les scellés les leveront, pour faire lesd. remises, ou
par la petitionaire fournissant caution desd. effets qui seront
inventoriés par les commissaires, comme aussi le gardescellé
qui est dans lad. maison pourrait se retirer pour eviter des
frais a la Republique, si la caution voulait repondre de tous
les objets qui ont été sequestrés dans la maison.

Tulle, le 22 floréal an 2°.

Juye, vice p^d.
Dumilhac.

Les scellés furent donc levés et Mme Rabanide
put jouir de son habitation de la rue de la Barrière ainsi que des meubles et du linge lui appartenant. Divers objets furent pourtant saisis, entre
autres, un fusil qui fut livré au district comme l'indique le titre ci-après :

Reçu du citoyen C..., notable de cette commune, un fusil de
munition, venant de Rabanide suspect.

Tulle le 12 prairial l'an 2 de la Rpl une et ind.

Trainssoutrot,
Adm. du dist. de Tulle.

Notons en passant que la saisie de cette arme
donna lieu plus tard à une réclamation de la part
de la veuve Rabanide ainsi que cela se voit par
l'acte suivant (1) :

Aux citoyens officiers municipaux de la ville
et commune de Tulle,

Françoise Tramond, veuve de Jean-Baptiste Rabanide vous

(1) Pièce de nos archives.

expose qu'elle et son mari ont essuyé les plus cruelles vexations en touts genres de la part des agens de la tirannie et du plus affreux despotisme tant sur leurs personnes que sur leurs meubles et effets soit en leur maison en cette ville, soit à la campagne.

Le citoyen Marcillon alors membre du commité révolutionnaire se rendit dans un domaine de feu Rabanide en cette commune pour y apposer le sequestre ou les scellés, il se permit de s'approprier un fusil tout neuf que feu Rabanide avait confié à son domestique pour la garde de son bien pendant le jour et plus encore pendant la nuit.

La petitionnaire espère de votre justice que vous ordonnerés à Marcillon de retablir entre les mains de l'exposante ce fusil non gaté dont il s'empara d'authorité privée sous l'offre que fait l'exposante de faire la preuve de cet enlevement en cas de denit.

TRAMOND, veuve RABANIDE.

Renvoyé au Cⁿ Marcillon cy-devant membre du comité revolutionnaire pour dire des raisons, et ensuite etre statué ce qu'il appartiendra. En la maison commune le 1er ventose l'an 3 de la R. F. une et ind.

DUVAL, maire; CHIRAC, agent nat.

Le fugil reclamés par la petitionnaire est entre les mains de Cindriac c. d. v. notable qui conjointement avec moi avons poser le cequestre audit endroit et il anporta le fugil dont il se trouveras nantis outre quileit remis a ladministration du distric.

A Tulle le 21 ventose de l'an 2e de la Repq. Fr. un. dble.

MARSSILLION.

Renvoyé au citoyen Cindriat cy devant notable pour repondre aux renseignements du C^t Marcillon.

En la maison com. le 1er ventose l'an 3 de la R. Fç. une et ind.

DUVAL, maire; CHIRAC, agent nat.

Le citoyen Ceindriat répondit le même jour en

envoyant le reçu du dépôt qui avait été fait à l'administration du district le 12 prairial de l'an II, aussitôt après la saisie. (Nous avons déjà donné copie de cette pièce.)

La veuve Rabanide fut mise sans retard en possession de l'arme réclamée, ainsi que l'indique l'annotation suivante qui est à la suite de l'acte précité :

Vu la petition, la reponse du C^n Marsillon et le reçu de l'Administration du district signe Trainsoutrot adm^r attendu que de ce reçu cy annexé il resulte que le fusil reclamé est au depôt du district.

La Mpté, oui l'agent national est d'avis que l'administration doit en ordonner la remise.

Fait en la maison commune le 1er ventose l'an 3 de la Rep. Fr, une et ind.

Duval, maire; Brugeau, off. m.
Chirac agen national.

Un mois après cette saisie, en juin, le 21 messidor de l'an II, les biens immeubles de Rabanide, détenu, furent affermés, sur les poursuites du citoyen Laffon « vérificateur de l'agence des domaines nationaux » ; la partie principale de ces biens se composait d'un pré situé à la Croix de la Breyge, d'une pièce de terre à côté et d'une autre appelée au Cros de la Fage qui furent affermés au citoyen Pierre-Antoine Ceindriat, demeurant à Tulle, moyennant une somme annuelle de 1150 livres (1). Autres parties des biens, situées aussi au Puy des Fages, furent affermées aux citoyens P... et C..., de Tulle (2).

(1) Extrait du regitre des fermes, des biens des émigrés, suspects, détenus, etc., n° 459. (Pièces de nos archives.)

(2) Divers jugements ont été rendus entre la veuve Rabanide et les fermiers. (Papiers de Mme Finet-Lagier.)

Les événements se succédaient très rapidement à cette époque tourmentée. Nous venons de voir qu'aussitôt après l'arrestation de Rabanide ses biens sont sequestrés le 9 germinal an IIe (9 mars 1793) ; — que sa femme Tramond Rabanide, demande la levée des scellés le 19 floréal an IIe (19 avril 1793) — que satisfaction est donnée à la pétition de la citoyenne Tramond Rabanide, le 22 floréal, à peine trois jours après sa demande (22 avril 1793) ; que diverses saisies furent opérées en prairial (12 mai 1793) ; enfin, que les propriétés foncières du détenu furent affermées pour un an le 21 messidor an IIe (22 juin 1793).

Toute la procédure civile fût donc complète dans un trimestre (9 mars-22 juin). Mais l'effervescence des passions politiques allait toujours croissant et lorsque la citoyenne Tramond Rabanide, forte d'un premier succès, voulut tenter d'obtenir une provision sur la location des biens de son mari, toujours détenu, elle essuya un échec et fut elle-même, après enquête, mise en état d'arrestation.

Voici copie d'une pièce relative à cet emprisonnement :

EXTRAIT DES REGISTRES DU COMITÉ REVOLUTIONNAIRE DU DISTRICT DE TULLE, DÉPOSÉ AU SECRETARIAT DE L'ADMINISTRATION MUNICIPALE DU DIT TULLE.

Motif d'arréstation de tramond épouse de rabanide très-aristocrate et fanatique par ses Liaisons avec Les aristocrates

pour copie conforme :

CHIRAC, off. mun.

LAVAL, fils ainé,

greffr (1)

Mais revenons à Jean-Baptiste Rabanide, après

(1) De nos archives ; mention en est faite aussi aux Archives de la Corrèze, L. 368, f° 189.

son arrestation, et voyons quels sont les moyens de défense qu'il présente lui-même.

Le manuscrit que nous avons sous les yeux est écrit par Rabanide. Il nous a été communiqué par Mme Finet-Lagier, sa nièce.

M. Rabanide intitule ce manuscrit : *Un empri-sonnement sous la Terreur — Mémoire justifi-catif :* Nous conservons à cette pièce son ortho-graphe et sa ponctuation :

Tulle, departement de la Corrèze.

Aux Citoyens membres du Tribunal revolutionnaire

Petition de Jean-Baptiste Rabanide, homme de loi, de la commune de Tulle, agé de soixante douze ans.

Si j'avais eu l'imprudence de commètre quelque faute, contre l'ordre régénéré, les peines qu'on m'a fait supporter et les dangers aux quels on m'a exposé sont tres certainement dans une grande disproportion.

On m'a mis en arrestation dans le mois de mai de l'année 1793. Vieux stille, on m'a conduit à Limoges dans le mois frimaire, avec un grand nombre d'autres (1), nous avions pour voiture des charéttes, ou plutot des tombereaux ou nous etions forcés de nous tenir acroupis, on nous fit passer la première nuit, dans le tems le plus froid de l'année, dans une

---

(1) Le 11 frimaire an II (novembre 1793), le Comité de surveil-lance avise le Conseil général que cinquante-un individus suspects seront envoyés le lendemain à Limoges pour être mis dans la maison d'arrêt — le Conseil ordonne de faire une liste complémen-taire de vingt suspects pour êtrc transférés à Limoges en remplacement de ceux que la commune de Limoges a renvoyés à Tulle. Il est en outre décidé que ces suspects seront accompagnés par trente gardes nationaux avec les volontaires de Limoges. (Archives de la Mairie de Tulle, D. 1, vol. 1, p. 108).

Notons aussi, à titre documentaire, que la commune de Tulle payait sept livres par jour à chaque volontaire chargé d'accompa-gner les prisonniers. Dans la circonstance qui nous occupe il leur fut compté à chacun sept journées dont six de voyage aller et retour et une journée de séjour à Limoges. (Arch. de la Mairie, D. 1. vol. 1. p. 140).

Eglise à uzerche et une autre nuit, aussi dans une Eglise à pierre bufière. La reception effrayante et ignominieuse, qu'on nous fit à Limoges fût desaprouvée par la Convention.

Il y avait deux Representants pour les departements de la haute Vienne et de la Corrèze, ils elargirent à Limoges et à Tulle, un assez grand nombre de personnes, Entr'autres je fus Elargi à Limoges et Renvoyé chez moi, je Remerciai le representant de son humanité à mon Egard, il repondit publiquement, qu'il me rendait la justice qui m'étoit due.

On aurait dù croire, que les jugements rendus par les Representants, Commissaires de la Convention ne pouvoient être reformés et anéantis, que par une autorité supérieure aux municipalités et Comités de surveillence, La passion à tulle ne respecte Rien, on me defendit de Travailler en qualité d'homme de loi, ensuite on exigea de moi trois mille Livres, sans vouloir m'en fournir quittance. Dans les notes contre Moi, on porte le revenù de mon bien a 600ll, en sorte que dans deux mois, on l'a pris à d'avance de plus de cinq ans car on m'avait obligé aussi de payer à Limoges deux cent Livres sans quittance, ensuite ou me remit en prison dans le mois germinal, on réamprisonna aussi la majeure partie de Ceux qui avoient été Elargis à Limoges et à Tulle.

On mit le sequestre sur ma maison de Tulle et sur mon bien qui est au bort de cette ville. Ce bien est sur la plus aparente des éminences qui cernent la ville ; il excite la cupidité de plusieurs patriotes hipocrites et occasione la persecution que j'éprouve (1). Ma femme demenda la jouissance provisoire des meubles de la maison, elle lui fut accordée en donant caution, Ensuite Elle demanda une provision, pour Elle et pour deux nièces qui sont à ma charge, cette démarche de necessité, lui procura l'Emprisonnement.

On n'avait aucun reproche vrai a faire a ma femme, puisqu'on venait de lui accorder une jouissance provisoire son emprisonement n'est donc qu'une injustice.

Enfin on m'a trainé avec trente un autres au tribunal Révo-

(1) Il est ici question de la propriété connue sous le nom de La Fage, située sur le sommet du Puy-des-Fages (*Pes de las Fagas*).

lutionaire (1), Liés et Enchainés nuit et jour, c'est a dire qu'on nous a trainé à une fin infame et innevitable, sans la chûte du Conjurateur aussi barbare qu'insencé, Evenement qui donne la Renaissance a l'Empire de la justice et de la verité.

Qu'elles sont les causes pour lesquelles je souffre une persécution aussi longue, aussi ignominieuse et aussi dangereuse ; Elles sont dans les notes qu'on a renvoyé contre moi au Commité de Surreté génèrale (2) et dans les interrogations qui m'ont été faites, par le citoyen vice président, leur frivolité et leur fausseté évidentes doivent étonner. Les voici :

Iº « *Il est un être dangereux par son fanatisme, il a travaillé dans son cabinet à dépriser les Loix qu'on dit qu'il interpretoit à sa guise aux cultivateurs qui venoient le consulter.* »

Le fanatisme suivant l'Expression de la Loi, consiste dans le trouble et le desordre, qu'on introduit dans la Société, on ne m'impute pas que j'aye occasionné le moindre trouble ni le moindre désordre, on me donne donc méchamant la qualification de fanatique, comment puis je être un Etre dangereux, il n'y a que des Ennemis decidés qui puissent se permettre de pareilles licences, il n'y a pas la moindre apparence que j'aye pensé en ma vie à depriser les Lois et à les interpreter contre le sens qu'elles contiennent, il faudroit me supposer fou ou imbécille et mes ennemis ne me donnent pas encore cette qualification.

(1) Voici la liste des co-détenus de Rabanide : Melon de Pradou ; — Lacoste, homme de loi ; — Servientys, homme de loi ; — Meynard-Fourtou ; — Faugeyron, homme de loi ; — Sartelon, homme de loi ; — Lagarde-Prailloux ; — Saint-Hilaire-Favars ; — Duchambon ; — Ch. de Laprade ; — l'abbé Melon ; — Sudour, procureur ; — Brossard père ; — Brossard fils ; — Albier fils aîné ; — Soustre aîné ; — Montbrial ; — Benoit de Lescurotte ; — Meynard de Queilhe ; — Villeneuve-Chambery ; — Marsillac-Combret ; — Bournazel ; — Ludière, homme de loi ; — Chaumont ; — Daubech, médecin ; — Froment ; — Braconnat ; — de Viane ; — Chabrignac ; — la Favière ; — la Darluc ; — Laval ; — de Bournazel ; quatre nobles, quatre femmes, vingt-cinq bourgeois *(Scènes et Portraits en Bas-Limousin,* par le comte V. de Seilhac, Paris, librairie générale, 1878).

(2) Nous avons vu précédemment que deux députés de la Corrèze faisaient partie de ce Comité : Lanot et Brival.

Le citoyen vice président a sans doute bien reconnu la futilité d'un chef d'accusation fondé sur *un on dit* puisqu'il n'en a pas parlé dans mon interogatoire.

2º On est instruit de l'affectation avec laquelle je « *faisais l'aumone pour me populariser, cette conduite m'ayant attiré une espèce de considération d'humanité, qui dans le fait n'était qu'une pure hipocrisie.* »

Il est vrai que Long tems avant 1789 ; je versais dans le sein de l'indigence le superflu, que je me procurais, par mon travail et par la modération dans ma dépense, j'ai continué quelque année après, puis j'ai disposé de ce superflû pour les besoins de la municipalité. L'état de ce que j'ai fourni est a la fin de ce memoire (1). J'ai peine à croire que mes ennemis fassent de ce dont il s'avantagent aux depens de la Republique, l'Emploi que je faisais de ce que je me procurais par mon travail.

Le citoyen Vice président n'a sans doute pas crû qu'on dû etre assujetti à quelques peines, pour avoir exercé des actes d'humanité, c'est pour cela qu'il ne m'a point fait d'intérogation sur ce second article des nottes contre moi.

3º « *Tout le monde est instruit de la conduite que j'ai tenu à l'Egard de mon neveu, lors de la prestation du serment des prêtres conformistes, que je chassai ignominieusement de ma maison, que je ne lai plus vu depuis, un pareil trait annonce des principes du fanatisme le plus outré, qui na cessé d'etre alimenté, par la presence et la compagnie des prêtres refractaires jusqu'a ce que la loi les a bani de la Société. Cette conduite la fait declarer suspect a juste titre, et lui a valu ensuite la maison d'arrêt.* »

C'est la le sublime pretexte de la persecution que j'essuïe, il faut que tout faux qu'il est, le citoyen vice président l'aye jugé bien frivole, puis qu'il ne m'en a pas parlé dans l'interrogatoire que j'ai subi.

Premièrement, il est connu dans toute la commune de tulle,

(1) Malgré nos recherches nous n'avons pu retrouver la note dont il est ici question, mais nous avons dans nos archives un inventaire des « *nipes, hardes, linges et bibliotèque de feu Rabanide* » que nous publierons à la fin de ce travail.

que mon neveu n'a jamais demeuré dans ma maison, il est donc faux que je l'en aye chassé.

Secondement il est aussi faux que j'aye deffendu à mon neveu de pretter le serment, je n'avois aucune authorité sur lui, j'aurais tout au plus pù lui donner conseil et certainement je ne lui ay pas donné de ne pas prêter Serment.

Troisièmement s'il ne vient plus ches moi, c'est par un autre motif qui quoique assez connu dans la commune de Tulle, ne doit point etre rappellé, puisque L'autorité publique ne s'est jamais interessée des petites divisions qui naissent entre parents (1).

Quatrièrement, je n'ai jamais Eù de liaison avec les prêtres, si ce n'est un peu avec le curé et le vicaire de ma paroisse, Liaison qui n'avait été prohibée par aucune Loi, avant le mois d'avril 1792, tems ou ma liaison a cessé, il n'est donc pas permis de me faire un crime d'une liaison qui tant quelle a duré n'était prohibée par aucune Loi, puisque jusqu'alors les pretres non assermentés avoient la permission de dire la mèsse.

Cinquièmemement, Desque je n'ay occasionné aucun trouble dans la Société, c'est méchament qu'on me donne la qualification de fanatique et encore plus méchament qu'on me punit pour une qualification faussement donnée.

Cette troisième nôte est frivôle comme les precedentes puis-

(1) Lorsque le 20 février 1791 le corps électoral de la Corrèze fut réuni à Tulle dans l'église des Feuillants, aujourd'hui emplacement de l'école normale des filles, pour procéder à l'élection de l'évêque de Tulle, en remplacement de M. Rafélis de Saint-Sauveur, le curé refusa de célébrer la messe et ce fut M. Rabanide, le neveu de Jean-Baptiste Rabanide, vicaire de la paroisse de Saint-Julien, qui officia, « il a parlé au peuple, il a présenté les qualités nécessaires dans un évêque, il a édifié l'assemblée par les principes de religion et de patriotisme. »
Il fut même décidé que le discours de l'abbé Rabanide serait imprimé avec ceux des autorités.
Le 22 février à l'issue du vote, « M. le Président fit appeler M. l'abbé Rabanide qui revêtit ses habits sacerdotaux et se présenta à l'autel. Alors M. le Président se tourna vers le peuple et le clergé et proclama à haute et intelligible voix, M. Brival, curé de Lapleaux, evêque du département de la Corrèze. » (Procès-verbaux des 20 et 22 février 1791, Archives de la Mairie de Tulle, D. 1, p. 164 et suiv. et Archives du Département).

que le Citoyen ne m'en a pas plus parlé que des deux préce-
dentes.

4° « *On m'impute que je suis sorti de la maison d'arrêt, on
ne sait comment.* »

Ha qu'ils sont perfides mes Ennemis, ce sont Eux qui firent
faire une assemblée de la Commune à la quelle ils ordonnerent
au son du tambour, que touts les Elargis tant a Tulle qu'a Limoges assisteroient, ils exposerent que depuis les Elargisse-
ments les armées de la République n'avoient pas les mêmes
Succès qu'auparavant, et que les danrées disparoissoient a vûe
d'œil, avec ces motifs le conseil n'hesite pas a resoudre notre
Emprisonnement, nos Ennemis n'ont pas besoin des grands
mouvements de l'Elloquence pour maintenir l'indisposition
qu'ils ont excitée contre nous.

5° « *Cet individu ne sortait jamais de son Cabinet pour aller
voter dans sa section, disant qu'il était infirme, il nettoit
pas malade pour à la société monarchienne dont il fut nommé
president, de plus il n'a voulu preter aucun serment civique.* »

Les mechants ont bien des Ressources dès que aucune considération morale nest capable de les contenir et qu'ils se per-
mettent de tout figurer au grè de leur désir pernitieux, surtout
quand ils ont l'assurance de l'impunité.

Premièrement il est vrai que je n'ai jamais ete Voter, voici
le motif qui m'a déterminé, dabord dans le commencement
plusieurs personnes acréditées me proposerent d'accepter des
places, qu'ils se croyoient en même de me procurer par leur
Crédit et par leur connoissances, la conviction de mon insufi-
sance, mon peu d'activité et ma timidité trop prononcée, m'o-
bligerent de Remercier ces personnes officieuses, de les supplier
de ne pas penser à moi, et de jetter leur vue sur quelque autre
pour etre entierement oublié, je ne parù pas aux Elections,
j'ai continué à m'abstenir d'y paroitre, par la même raison. Je
n'avois jamais imaginé que mon deffaut d'ambition devien-
droit un Crime pour moi, heureusement je n'aurait pas beaucoup d'imitateurs.

Le Citoyen Vice president m'a demandé si j'avais occupé de
place, j ai repondu que non c'est peut etre par preocupation

que je n'ai pas regardé comme place la qualité de notable que j'ay exercé pendant deux ans (1).

Secondement en 1791 il y avait une Société peu nombreuse à Tulle (2), il s'en forma au commencement de cette meme année une seconde, avec le consentement de la municipalité sous le titre d'amis de la constitution et de la paix, le principe et la base de cet'e Société étoit de suivre exactemer.t tous les mouvements de l'assemblée et de maintenir la paix autant qu'on pouroit, je fus agregé à cette seconde Société, j'en fus nommé président à la première séance, j'y assistai environ un mois jusqu'a la nomination d'un autre président, apres quoi, je ne parû plus à aucune seance, a cause des contestations particulieres qui s'y elevoient, mes Ennemis ont des Registres, ils n'y trouveront plus mon nom après le premier mois.

C'est donc malicieusement que mes Ennemis donnent la qualification de monarchiène a une société qui n'avoit d'autre but ni d'autre intention que de suivre scrupuleusement les vûe de l'assemblée, et contre laquelle on ne peut pas produire le moindre acte qui soit capable de prouver que ses intentions

(1) En octobre 1785 et février 1786 Rabanide exerçait les fonctions de lieutenant de maire et signait les procès-verbaux des séances de l'assemblée de l'hôtel de ville de Tulle avec cette qualité. (Arch. de la mairie de Tulle V. 1 p. 1 et 3 verso).

M. Rabanide fut remplacé dans ces fonctions par M. Ludière, en vertu d'un édit du roi Louis XVI, en date du 21 novembre 1787 (arch. de la mairie D. 1, V. 1, p. 6 verso).

Dans une assignation à comparaitre devant la cour souveraine du parlement de Bordeaux, sur appel d'une sentence du siège sénéchal de Tulle, en date du 17 septembre 1786, nous lisons : « ıne suis transporté au domicile de M. Mᵉ Jean Baptiste Rabanide, seigneur de Lafage et autres lieux, lieutenant de maire nommé par le Roy avocat en parlement..... habitan de la même ville de Tulle parᵉᵉ St-Juillen Ruc Bariere ..... (Acte de mes archives).

Nous retrouverons Rabanide en qualité de député des avocats à la séance de redaction des cahiers de doléances et nomination des députés au Tiers Etat. Séance des 7 mars et 5 avril 1789.(Arch.de la mairie D. 1. V. 1, page 11.

En août 1789, Rabanide est élu membre de la commission pour le maintien de la tranquilité publique (D. 1, V. 1, page 18). Le 30 janvier 1790 il fut élu notable ; (D. 1. V. 1, p. 34 v.), nommé officier municipal le 11 août 1790, il n,accepte pas ces fonctions, mais conserve celle de notable qui lui sont encore renouvelé le 8 novembre 1790 ; — Il continue ses fonctions jusqu'en novembre 1791, mais ne paraît plus aux séances à partir de janvier 1791.

(2) Il s'agit ici de la *Société des Amis de la Constitution* ou *Club des Jacobins.*

n'etoient pas de la pureté la plus irréprochable, en tout cas je
n'y assistai qu'un mois et très certainement pendant ce mois
il ne s'y passa rien qui ne soit tres conforme aux Lois et aux
ordres donnés par l'assemblée, il ne peut donc y avoir d'incul-
pation fondée contre moi, pour avoir été agrégé à une soctété
permise par la loi.

Troisiemement au commencement de 1792. En conformité
de la faculté accordée par la Loi et d'après la permission de la
municipalité, on donna une petition aux fins d'obtenir le libre
exercice du culte précèdent, j'ai signé cette petition qui n'eut
pas le succès qu'on en attendoit, les petitionaires ne firent
aucune démarche, un acte expressement permis par la loi ne
peut jamais devenir dans la suite un Delit, surtout des que
l'acte n'est pas fontierement contre l'ordre dit naturel.

Quatriemement on a la malice de m'imputer que je n'ai
jamais preté de Serment Civique, cela est certainement faux,
puisque je l'ai pretté deux fois (1), mais il y a plus c'est que
dans le mois de juillet 1793 le citoyen Brival Representant envoya aux détenus du nombre desquels j'étois, un exemplaire
de la Constitution, nous lui ecrivimes une lettre souscrite de
touts les détenus, contenant adhesion et Soumission a la loi,
cette lettre occasiona une assembléedes sections de la municipalité, la tres grande majeure partie des votants se déclara
pour l'entiere liberté des détenus et envoya à la maison d'arrèt
une deputation fort nombreuse, qui nous embrassant et nous
arrosant de larmes nous assura la liberté et notre Sortie pour
assister à l'acceptation publique de la loi. Cependant nos
Ennemis agioterent de façon qu'ils empèchèrent l'exécution du
vœu du plus grand nombre des Citoyens. Comment se peut il
que ces mèmes ennemis, qui nous ont empèché moi et mes
Compagnons de malheur de faire l'acceptation publique de la
Loi, me reprochent que je ne l'ai jamais acceptée, il faut ètre
aussi pervers qu'ils le sont.

(1) Dans une séance du Conseil de la Commune tenue le 31 janvier 1790, les officiers municipaux et notables nouvellement élus
prêtèrent le serment prescrit par la loi : « Chacun d'eux la main
» levée à Dieu, ils ont juré entre les mains de la Commune ici pré-
» sente de maintenir de tout leur pouvoir la Constitution du royaume
» d'ètre fidèles à la nation, à la loi et au roi et de bien remplir leurs
» fonctions. » Au bas de ce serment nous relevons la signature de
Rabanide. (Arch. de la mairie D. 1, v. 1, p. 35).

Les Motifs contre moi sont des allegations malignes et insignifiantes, la persecution qu'on me fait essuyer est reelle et tirannique.

Mon innocence me fait espérer avec Confiance que le tribunal décidera que je ne suis point sujet à l'accusation méchament provoquée contre moi.

Nos ennemis ont eu la apre méchanceté de nous présenter au tribunal comme des contre révolutionnaires, la certitude qu'ils seront impunis ne laisse sur eux aucun embarras dans l'ordre moral. La conspiration est si peu apparente que le citoyen vice-président n'en a parlé a aucun des prévenus.

Jean-Baptiste Rabanide fut mis en liberté par un jugement du 10 Brumaire de l'an III (1ᵉʳ novembre 1794), ainsi que cela résulte de l'acte ci-après.

Constatons ici que le 11 Vendémiaire an III, un mois avant cette mise en liberté, un Rabanide, parent très près de Jean Baptiste, obtenait à Tulle un certificat de civisme [1] et qu'enfin deux mois après, le 11 Nivôse, Henriette Rabanide obtenait un autre certificat de civisme.

TRIBUNAL RÉVOLUTIONNAIRE

JUGEMENT DU 10 BRUMAIRE EN LA CHAMBRE DU CONSEIL
POUR JEAN-BAPTISTE RABANIDE

Vu par le tribunal Révolutionnaire établi a Paris les pièces du Procès de JEAN-BAPTISTE RABANIDE, âgé de soixante douze ans, né à Tulles, y demeurant, homme de loy, ensemble les Interrogatoire par lui subi, le quatre sans Culotide et 9 Vendémiaire dernier, devant Lériget, vice-président du tribunal.

Le tribunal assemblé en la Chambre du Conseil, ouï le rapport de l'un des juges, l'accusateur public du Tribunal, en ses conclusions, après en avoir Délibéré, attendu qu'il n'existe pas de Preuve de délit contre révolutionnaire.

(1) Arch. de la mairie de Tulle D. I. V. I. p. 160 *verso*.

Déclare qu'il n'y a pas lieu a accusation contre le susnommé ordonne en conséquence qu'il sera à l'instant mis en Liberté, à la charge par lui de retourner a Tulles pour y demeurer sous la surveillance des autorités constituées. — A cet effet tout gardien de la maison d'arrêt ou il peut être détenu contraint, quoi faisant déchargé, a tous huissiers pour l'exécution du Présent faire tous exploits requis et nécessaires, ordonne en outre, que les scellés si aucun il y a, seront levés par les autorités constituées qui les ont apposés, qu'à la diligence de l'accusateur public, ce présent jugement sera imprimé et affiché dans l'étendue de la République.

Fait et jugé en la Chambre du Conseil, le dix Brumaire troisième année de la République française une et indivisible, par les citoyens RUDLER, vice président, FORESTIER, GAU, BIDAULT, DEJAC, LAPLANTE, JOLY, LERIGET, juges, qui ont signé avec le commis greffier.

Pour expédition conforme :

Delivré par moi Greffier soussigné,
HENOT, commis greffier.

Delivré gratis.

Pendant le transfert à Paris de J.-B. Rabanide, sa femme était décrétée d'arrestation à Tulle, mais sa santé, ébranlée par les secousses de l'arrestation et du départ de son mari, appitoya les autorités révolutionnaires ; elle fut momentanément mise en état d'arrestation *chez elle.*

Voici un document à ce sujet. [1]

COMITÉ DE SURVEILLANCE DE TULLE R. P. B. F. R.

Conformement à l'otorisation du Representant du peuple Musset, sur les rapports des officiers de santé le Comité Revolutionnaire du district mét la citoyenne Tramond, femme Rabanide en a Restation provisoire chez elle.

Tulle ce 28 vendemiaire l'an 3ᵉ de la Republique française une et indivisible.

LACOMBE *president*
REGIS *jeune* S. G.

(1) Pièce de nos archives particulières.

Le 21 brumaire an III (11 novembre 1794) c'est-
à-dire dix jours après le jugement du tribunal
révolutionnaire de Paris, le Comité révolutionnaire
de Tulle mettait à exécution la sentence rendue
en faveur de Jean-Baptiste Rabanide, en ordon-
nant la levée des scellés apposés sur sa maison.

A cette époque, la citoyenne Tramond Rabanide
était détenue à la maison d'arrêt de Tulle, mais
un arrêté des représentants du peuple ordonna sa
mise en liberté, voici cet acte :

LIBERTÉ   ÉGALITÉ

Le Représentant du peuple delegué dans le dep^{t} de la Corrèze

Arrête que la citoyenne Tramond, epouse de Rabanide, sera
mise en liberté sous la surveillance des authorités constituées

Fait et arreté à tulle ce 21 Brumaire l'an 3e de la République une et indivisible

ÉLIE LACOSTE.

C'est pourquoi nous voyons Mme Rabanide figurer à la levée des scellés apposés sur la maison
de son mari ; elle fut probablement extraite de
la prison pour assister à cette formalité judiciaire,
mais le lendemain, 22 brumaire, elle est mise
définitivement en liberté comme le constate l'acte
suivant :

*Extrait des registres du greffe de la commune de Tulle
chef-lieu du département de la Corrèze.*

CONVENTION NATIONALE

COMITÉ DE SURETÉ GÉNÉRALE ET DE SURVEILLANCE
DE LA CONVENTION NATIONALE

Du vingt deux Brumaire l'an trois de la République française
une et indivisible. Les membres composant le Comité arrêtent

que Rabanide femme sera sur le champ mise en liberté et que les scellés seront levés.

Signé : Clauzel, Bourdon de l'Oise, Reverchou, Rentabole, Garnier de l'Aube, Le Vasseur de la Manche.

Pour copie conforme à la minute remise au greffe de la commune de Tulle le dix Frimaire troisième année de la République française une et indivisible

Estorges aîné, off. m.

Manchier, s^ra grff'

Vu et certifié les seings cy dessus

Au district de Tulle le 7me frimaire l'an 3me de la Rép. franç. une ind.

Brivejac p^nd, Daumard, Vergne.

Nous avons sous les yeux l'original de la pièce ci-dessus, mais la copie, qui se trouve au registre des délibération du conseil général de la commune de Tulle, porte le nom d'autres personnes qui furent mises en liberté par le même ordre. Voici ces noms :

Armand Bernard, Charles Froment, Julie Froment. Adelaïde-Louise Froment, Antoinette Veuve Champin, Rabanyde femme, Jean Soustre, Melon, femme de Melon dit Pradou et Pierre Albier, tous fils, frères, femmes ou père des individus acquittés par la Chambre du Conseil du Tribunal révolutionnaire ou mis en liberté par arrêté du Comité de sûreté générale (1).

Voici l'acte de la levée des scellés :

Tulle le 21 Brumaire l'an 3e de la République française une et indivisible.

Nous soussignés officiers municipal et membre du Comité révolutionnaire nous nous sommes transporté dans la maison du citoyen rabanide homme de loy a leffet de faire la levée

(1) Archives de la mairie de Tulle, D. 1 p. 168-169.

des scellés et sequestre apposés dans ladite maison que sur les biens par l'hautorisation des authorités constituées; et ou étant et en la présence de la citoyenne son épouse chargée de sa procuration generalle de son mary.

Et apres avoir bien examiné tous les scellés apposés en la maison les avons trouvés intactes et la ditte Rabanide nous a déclaré, etre contente et satisfaitte [les mots suivants sont rayés par des traits de plume] attendu que les dit scellés se sont trouvés intactes.

En conséquence le citoyen rabanide jouira de la plenitude de ses droits comme par le passé et avant son arrestation.

Fait et clos en la maison du citoyen rabanide et en présence de son épouse qui a signé avec nous

Etant signés ESTORGES officier mp¹, REGIS jeune cʳᵉ; TRAMOND RABANIDE.

Pour copie conforme :

CHASTANG pʳᵉ
REGIS jeune

Peu de jours après sa mise en liberté Jean-Baptiste Rabanide rentrait à Tulle, retour de Paris, il ne tarda pas à s'aliter et mourut le 11 décembre 1794 ainsi que l'indique cet acte :

Extrait des registres de Decés de la Commûne de tulle chef-lieu du département de la Corrèze

Aujourd'hui vingtunième jour de frimaire l'an trois de la République française, une indivisible, à quatre heures après midy, pardevant moy Menoire Mariau officier public de la commûne de Tulle, sont comparus en la maison commûne Martial tramond citoyen de cette Commûne Rue du fournivou-let Beau frère du décédé, et antoine Louis Duval marchand habitant cette commûne rue de la Barrière, et majeurs ; Les-quels m'ont Déclaré que jean Baptiste Rabanide homme de Loy époux de françoise tramond, agé d'environ soixante treize ans, étoit Décédé dans son domicile Rûe de la Barrière ce matin à quatre heures ; d'après cette déclaration, et m'être

assuré du déces du susdit jean Baptiste Rabanide, j'ai rédigé
le présent acte que les susdits témoins ont signé avec moy.

Signé Tramond, duval et Mariau officier public

Pour copie conforme :

Marc Galand off. m.

Teyssier se^re adj.

Après la mort de J.-B. Rabanide, sa femme,
Françoise Tramond, étant héritière de ses biens,
adressa une pétition à l'administration du district
de Tulle pour entrer en possession des revenus de
son mari, qui avaient été sequestrés ; il fut fait
droit à cette demande comme l'indique l'acte suivant :

*Extrait des registres des débérations du Directoire du dis-
trict de Tulle :*

Seance du 11e germinal 3e an de la Republique une et
indiv.

Vu la pétition de la citoyenne françoise Tramond v^ve du
citoyen Jean Baptiste Rabanyde en sa qualité d'usufructière
de lentière heredité de son mary suivant le testament du neufs
septembre 1792 recu Boudrye not^re public duement enregistré
demande quil soit ordonné au Receveur de la ca sse du sequestre de vuider ses mains de toutes les sommes qui ont été
versées dans la caisse.

L'administration ouï l'agent national attandu ce qui résulte
des clauses du susdit testament et notement de celle qui rend
la petitionnaire usufructière de lentière succession du dit feu
Rabanyde son mary, l'authorise a retirer du sequestre les
fonds provenants des Revenus dudit feu Rabanyde en par elle
donnant bonne et valable Caution et justiffiant de l'acquitte-
ment des droits de garde de la maison d'arret.

Et desuitte a comparu le Cit^n martial Tramond Malpeuch
laquel en conformité de l'arrêté cy dessus a déclaré se rendre
Caution volontaire de la Cit^ne v^ve Rabanyde pour l'exécution
dudit arrêté et a signé.

Fait au District du tulle dans la séance du conseil du Directoire le susdit jour onze germinal 3ᵉ an de la Repub. franc.
une et indiv. ou ont assisté les Citoyens floucaud vice presidⁿᵗ
Vergne, Chadabech et Debernard administrateurs. Sᵗ priest agⁿᵗ
nat. et Manchier secretʳ gⁿˡ

pour Copie

Floucaud
Manchier sᵗʳᵒ

Madame Rabanide mourut à Tulle en 1831.
Son testament, rédigé en 1792, lors des événements que nous venons de raconter, et quarante
ans avant sa mort, nous semble un document
très intéressant à la suite de notre récit. Le voici
in-extenso [1] :

En la ville de Tulle, chef lieu du departement de la Corrèze
pardevant le notaire et témoins bas nommés le vingt neuf
septembre mil sept cent quatre-vingt douze après midi, l'an
premier de la republique francaise, fut presente dame Françoise Tramond epouse de sieur Jean Baptiste Rabanide homme
de loi, émancipée par sieur Joseph Tramond, son père, habi-
tante de cette ville, la quelle nous a représenté le présent
paquet entrelassé d'un double fil gris, cacheté en quatre en-
droits, dans lequel nous a dit être contenu son testament
mistique datté du jour de hier, ecrit de sa main et d'elle signé
après en avoir pris lecture, voulant qu'il soit exécuté suivant
sa forme et teneur et que s'il ne peut valoir comme tel, veut
qu'il vaille comme codicille ou autrément en la meilleure
forme qu'il pourra valoir et qu'après son décès l'ouverture en
soit faitte sans formalité de justice par le notaire soussigné en
présence de deux témoins, et en cas d'absence par tel autre
notaire et en présence de tels autres témoins qui seront à
ce requis, de tout quoy luy a été fait lecture, y a persisté sans
vouloir y augmenter ou diminuér et du tout nous a requis
acte que luy avons concédé en présence de sieur Jean-François·

---

(1) L'original est dans nos archives particulières.

Charles Leyx, sieur Jean-Jacques Leyx, sieur Antoine-Louis Duval, sieur Louis Vidal, sieur Jean-Léonard-Sébastien Vidal, Léonard Graulier tous citoyens de cette ville, qui avec la testatrice ont signé avec nous.

TRAMOND DE RABANIDE testatrises

DUVAL ; LEYX, plus jeune; VIDAL, LEYX ; VIDAL, fils ;

GROLIE ; BOUDRIE notaire.

Je soussigie francoise tramond famme de jean baptiste rabanide homme de loi emancipé par acte judiciaire de 21 7bre courant expedié par floucaud grefiér fait mon testamant ainsi quil suit je veux continuer de vivre et mourir dans la foi de leglise catolique apostolique et romaine.

Je legue au s. tramond mon pere cent livres et linstitu mon heretier particulier.

Ma tante dupuy mourut en 1777 apres avoir fait un testamant sans le quel je suis institue heritiere. lusufruit legué à notre pere elle mavoit chargé verbalement de doner mille livres a mon fraire aine quand je jouiroit du bien de lheredité notre pere na pas cru devoir etre privé dune partie de son usufruit par ma déclaration verbale en consequance il jovit de tout l'usufruit je veux que ces mille livres soit paiye1 a mon fraire ainé lors que l'usufruit aura pris fain.

Mon pere et mon fraire cadet étoit en 1777 et au paravant en pansion dans la maison de mon mari mon pere me laissa jouir de lusufruit en deduction de sa pansion et de celle de son cadet mon mari ne singera nullement dans cette jouissance de son consentemant jemployai une grande parti du produit de cet usufruit a lentretien des deux fils de mon frere ainé de son premier mariage qui étoit principalemant en habit chapau bas souliers et autre choses je payai aussi des maitre pour leur aprandre a ecrire et a lire jentands qu'il ne soit rien demandé a mon fraire ainé de ces fournitures je legue a mon mari douze cent livres en capital pour lindemniser de ce quil a payé pour moi a mon pere ou pour les dépans du proses quil nous avoit fait en cas quil meure avant moi ce legs passera a son heritier.

de plus je lui legue l'usufruit de ma dot et du bien de lheredité de ma tante de dupuy sans quil soit tenu de donner caution si mon heritier que relet cette clause je le prive de mon heredité je la transfaire a mon mari

Je legue aux deux niesse de mon mari non etablis et a la survivante des deux lors de mon déxes toutes mes hardes et genéralement tout ce qui sert a mon corps

jainstitu heretier Martial tramond Malpeu mon frere cadet.

Si le presant ne valoit comme testamant il vaudroit comme codicille. a tulle le vangt huit septembre Mille sept cent quatre vingt douze

Tramon de Rabanide

je legue a notre servante lainé cent livres.

Tramond

Quelques notes sur la famille Rabanide compléteront cette épisode révolutionnaire.

Les Rabanide sont issus d'une des plus anciennes familles tulloises, ils ont occupé une place marquée dans l'histoire de notre ville. Dès 1816 un sieur Jean Rabanide prend l'engagement de construire partie de l'une des tours des fortifications du quartier d'Alverge Ces fortifications, de l'avis des gens de guerre avaient été ainsi désignées et marquées :

Scavoir une tour au milieu du jardin appelé de Fondiou et sur le bort de la reviere de Correze, t de la jusques au carré bas de la maison de Fondiou une muralhe a chault et a sable de la haulteur de quinze piedz hors terre, et joignant le carré hault de ladite maison, ung boulevard a trois estages, couvert d'ardoize, avec son machicouly ; et dudit boulevard une autre muralhe jusques dans une terre appartenant a Mº Pierre de Fênis, sieur de Garin, et dans icelle terre une belle et grande tour aussy avec son machicouly couverte d'ardoize ; et de ladite tour, suyvant toujours ladite terre jusques a l'endroit du jardin du sieur de la Geneste, une autre muralhe de mesme qualité et haulteur que la précédente ; et à l'endroit dudit jardin, une petite tour aussi avec son machicouly, et couverte d'ardoize, en sorte que ladite tour deffande ladite muralhe dedans et dehors ; et de ladite tour traversant tous jours ladite terre, tirant vers le jardin de Anet Nachon, une autre muralhe de mesme haulteur que la precedente ; et a l'endroit dudit jardin dudit Vachon, une autre grande tour parelhe à celle de dedans ladite terre de Guarinet ; et d'icelle tour tirant vers le jardin de Guilhiaume Rabanide, une autre muralhe de mesme qualité que la précédente, de laquelle muralhe ledit Rabanide a faict a ses fraiz et despanz huict brasses et demy de longueur... et à l'endroit dudit jardin d'icelluy Rabanide faire une autre petite tour à demy rond... a trois estages et de ladite tour tirant vers le jardin de Mᵉ Noel Vaurillon, et vis-à-vis de la maison de Mᵉ Aymar Clamondes, une autre grande tour parelhe à la première tour de dans la terre de Garinet... et de ladite tour tirant vers la maison dudit Clamondes et jusques au bort de la grande rhue, une autre grande muralhe de mesme qualité que la précédente et encores de cinq piedz de haulteur de plus ; et de ladite muralhe jusques à la maison dudit Clamondes, nng boulevard aussy avec son machicouly et couvert d'ardoize ; et de ladite maison dudit Clamondes, tirant en bas jusques au bort de la reviere de Correze, une autre grande muralhe de la mesme qualité et haulteur et au bort de ladite reviere une autre petite tour parelhe à celle du dict sieur de la Geneste. . (1)

Ces fortifications tulloises furent probablement construites puisqu'un an plus tard, en 1617, Jean Delagier, procureur au siège royal et consul de la ville de Tulle, se plaint que Pierre Borderie, élu, étant de garde dans la tour du Lion d'Or, l'avait insulté et frappé pendant une ronde (2).

Le Rabanide qui avait à ses frais fait construire une partie des murailles et une partie de la tour d'Alverge était bourgeois et marchand de Tulle,

<hr>

(1) Arch. de la Corrèze E. 863.
(2)   id.   E. 864.

fit son testament et mourut en 1619, alors que se terminait la « muralhe dans le fossé de la Fontaine Saint-Martin. » [1]

Ce Jean Rabanide était le bisaïeul de Jean-Baptiste Rabanide qui nous occupe ici.

Des plus honorablement connus dans la ville de Tulle les Rabanide, à l'exemple de la plupart de nos bourgeois, enrichis par le négoce, avaient quelque prétention à la noblesse, la *Sigillographie du Bas-Limousin* de MM. de Bosredon et Rupin contient trois sigles armoriés dont se servaient les membres de cette famille.

1 Un cachet octogonal de 20 millimètres environ plaqué sur une lettre à M. Fage, avocat, au parlement de Paris (Tulle 2 juin 1712) il représente un écusson porté ; au 1, a un bouquet de trois fleurs issant d'une terrasse, accompagné en chef d'un croissant accosté de deux étoiles, au 2, a une main apaumée accompagnée en chef de trois étoiles qui est Meynard. Casque taré de face et orné de lambrequin.

2° Un cachet ovale, de 17 millimètres sur 19 millimètres environ, plaqué sur une lettre signée « l'abbé de Rabanide » et adressée à M. du Pouget, en son château de Roffignac (Chamb... 4 mai 1748) il représente sur une cartouche un écusson ovale de gueules, au chevron d'or accompagné en chef de deux roses tigées et feuillées, et en pointe de trois plantes issant d'une terrasse, le tout abaissé sous une fasce d'or, et au chef de gueules, chargé d'un cor de chasse accompagné de deux molettes d'éperons, couronne de marquis. Supports, deux lions.

Ce blason diffère, par l'absence du chevron, des armes figurées sur les autres cachets de la famille.

____

(1) Arch. de la Corrèze E. 866.

3º Cachet ovale de 17 millimètres sur 17 millimètres, apposé sur un certificat délivré par « Etienne Darluc, seigneur de la Praderie conseiller du roy en ses conseils, lieutenant général sur la sénéchaussée et siège présidial de Tulle » pour la légalisation des signatures de MM. Floucaud et Lanot notaires royaux à Tulle (Tulle 8 août 1748).

Ecusson ovale à un bouquet de trois fleurs, au chef chargé d'un croissant accompagné de deux étoiles (émaux non indiqués) casque taré de face et orné de lambrequins. Bordure grenetis.

En 1737 il y eut un Messire Léonard Rabanide, ancien curé de Chamboulive, trésorier général de France, héritier de Maître Antoine Rabanide, son père [2].

J.-B. Rabanide était possesseur, par sa femme Françoise Tramond, du ténement de Ludié, dans la paroisse de Sainte Fortunade. Par un acte du 22 mai 1787, Geoffroi Dumas de la Combe, représentant autorisé de Mme Françoise Tramond, épouse de M. Jean Baptiste Rabanide, seigneur de la Fage, rend foi et hommage que ladite dame Tramond doit à Monseigneur Louis-Charles Duplessisd'Argentré, seigneur évèque de Limoges, à raison du fief de Ludié, situé paroisse de Ste-Fortunade [1].

<hr>

(1) Arch. de la Corrèze B. 611.
(2) Pièce de nos archives.

ADDENDA

Nous avons retrouvé le brouillon d'un inventaire
qui fut dressé après la mort de J.-B. Rabanide,
et nous croyons devoir le publier ici ; ce sera le
complément de l'étude que nous venons de faire ;
il permettra au lecteur d'apprécier la somme
de bien-être matériel que s'accordaient des gens
riches et éduqués, un homme de loi marquant, à
Tulle, au xviiie siècle.

J.-B. Rabanide habitait, rue de la Barrière,
une maison lui appartenant, qui existe encore et
porte le n° 109 de cette même rue, maison de bel
aspect, bâtie en pierres jusqu'aux combles qui
sont en torchis.

Au rez-de-chaussée, deux larges baies, en pierre
de taille, de forme ogivale, éclairaient une boutique, sur le devant de laquelle se trouvaient les
antiques *to ouliés* [1] remplacés aujourd'hui par
une devanture vitrée. A droite s'ouvrait une porte

(1) Le to-oulié était une sorte d'établi placé devant les boutiques
et servant à faire l'étalage des marchandises.

haute, aussi en pierre taillée, qui donnait accès à l'intérieur de la maison. Derrière la boutique, une cave avait été aménagée dans les terrains contre lesquels la maison était adossée.

Un bel escalier, encadré dans des piliers et des arceaux en ogive, conduisait aux différents étages de la maison.

Le premier était composé d'une pièce servant de cuisine, qui se trouvait sur le derrière de la maison, et prenait jour sur une petite cour pavée, entourée de grands murs. A côté de la cuisine, une vaste pièce (qui est divisée en deux aujourd'hui), éclairée par deux grandes fenêtres avec leurs montants et linteaux moulurés dans le granit des Monédières ; c'était la pièce désignée salon. A côté, un réduit sans fenêtre, une sorte de grande armoire, que l'inventaire désigne *bouge où couche la servante.*

Au deuxième étage : un cabinet et deux grandes chambres, avec vue sur la rue de la Barrière par deux fenêtres semblables à celles du premier étage.

Enfin, le troisième étage, construit en torchis, était moins beau que les deux précédents et servait au logement des domestiques et de chambre de débarras. Les fenêtres étaient beaucoup plus petites et la hauteur des plafonds était bien inférieure à celle des chambres des premier et deuxième étages.

Cette construction, du XVIIe siècle, était vaste, bien aérée et pouvait servir à une belle installation, mais le goût du luxe des appartements n'existait pas à Tulle, à ce moment, comme aujourd'hui, où le plus petit ménage d'artisan veut avoir son salon bien meublé, avec des étagères surchargées de bibelots, (qui ne valent rien pour la plupart) qui semblent orner cette pièce où on ne se réunit que pour caqueter et... souvent pour dénigrer son voisin.

Malgré la belle situation de fortune et les nombreuses relations qu'avait Rabanide (qui on s'en souvient avait été lieutenant du maire de la ville, nommé par le roi), son habitation était très sommairement, nous dirons presque pauvrement meublée, comme le prouve l'inventaire qui va suivre.

Ce même document nous édifiera sur la manière scrupuleuse et méticuleuse dont messieurs les huissiers de 1794 dressaient un inventaire, et de quelle singulière façon ils traitaient l'orthographe.

BROUILLARD
D'INVENTAIRE OU SONT AUSSI CONTENUS
LES NIPES HARDES ET LINGES ET BIBLIOTHÈQUE
DE FEU RABANIDE (1)

Dans la quave (cave) : 5 bariques sercler en fer contenans 48 bastes ; — 4 petit baricot 1 sercler en boi et 3 en fer, - 1 plus petit sercler en bois ; contenans les cinq environ six Bastes ; — 1 bac pour vuider le vain, — les supos (supports ou chantiers) de bariques.

Plus on a preté une barrique au citoyen Saint Priech Saint Aigne, autres deux à Saint Jean ; une au citoyen Bournazel et une a Machat jeune contenans ces cinq barriques quarante deux bastes et toutes cerclées en fer.

On constate ici l'absence complète de vin ; cela n'a rien d'extraordinaire, puisque depuis près de deux années Rabanide avait été forcé de quitter sa maison et que sa femme ne l'avait habitée que par intervalles. Mais il est facile de constater qu'ordinairement la cave était bien approvision-

(1) Les mots entre ( ) parenthèses sont une traduction française actuelle.

née puisque outre les cinq barriques et les cinq
« barricots » qui se trouvaient dans la cave, au
moment de l'inventaire, il avait été prêté cinq
autres barriques à divers. Ce qui permet de supposer, qu'à un moment donné, la cave de J.-B.
Rabanide était garnie de quinze fûts pouvant contenir près de cent bastes de vin, de nos mesures
actuelles plus de 4,700 litres.

De la cave, l'inventaire se continue par le premier étage, sans s'occuper du rez-de-chaussée qui
était probablement, à cette époque, occupé par la
boutique d'un « marchand grossier » quelconque,
car la rue de la Barrière, dans cette partie-là
surtout, était alors, comme aujourd'hui d'ailleurs,
très commerçante.

Après avoir gravi le large escalier, dont la cage
était soutenue par de solides piliers en granit, que
reliaient des cintres en pierre de taille, on arrivait
au premier étage.

Dans la quisine (cuisine) : Une vielle garderobe a quatre batans et quatre tiroir ; — Une vielle table vermoulue
a deux tiroir dont il manque un ; - Un tinol (cuve a pétrir),
contenans un setier, une autre plus petite aussi à petrir contenans une Emine ; — et 1 très petite pour les tourtous (galette
de sarazin du pays) ; — 1 petit quofre a metre du sel contenans environ une Emine, — Une saliéres.

Dans la cheminée : une taque (1) en fonte fendue par le milieu ; 2 cramalières ; — une pele a feu ; — un quanon a feu
(canon en fer destiné à souffler les braises pour activer la
combustion, cet ustensile remplaçait le soufflet) ; — des pain-
settes ; — 2 sénais assès grands (chenets) ; — 2 crapos (cra-

(1) Plaque en fonte (aussi en pierre autrefois) destinée à préser-
ver des ardeurs du feu la maçonnerie du contre-cœur de la cheminée. — On la désigne en patois *chauffo-panso* (littéralement *chauffe-
panse*) parce qu'elle contribue aussi à renvoyer la chaleur dans
l'intérieur de l'appartement, chaleur dont savait si bien jouir nos
ancètres, en se prélassant en face de nos antiques et monumentales
cheminées limousines.

pau t — ?) brulés par le bout ; — Un tourne broche avec sa broche.

Cuivre : Un sau de quivre rouge demi-usé (seau en cuivre) et un petit quasarlou de cuivre usé et percé (seau spéciale-ment affecté pour l'approvisionnement de l'eau) ; — un godet de bois (1) ; 4 soderons (chaudron) de cuivre rouge contenans à peu peu près quatre setiers touts usés ; — 8 quasarol (casserolles) de cuivre rouge de différentes grandeurs dont deux contiennent une écuelée chacune ; – une marmite de cuivre rouge avec son cou-vercle d'une matière assez bonne ; une basine (bassine) de cuivre rouge, mauvaise et percée ; 2 closes de cuivre rouge avec leur couvercle de fer en fonte avec leur désus (cloches avec leurs couvercles) (2) ; trois poissonieres de cuivre rouge assés bonnes ; trois tourtières de cuivre rouge demi usées une avec le dessus ; – 2 quafetières en quivre bonnes ;

Touts ces ustancilles en cuivre rouge avec leurs ances de fer les queues de cassaroles en fer, les bords de soderons et des poissonnières en fer, le tout pesé en semble du poids de cent huit livres un quart.

Trois quafetières en fer blanc ; — une poiles à frire ; une poile persé ; quatre pos (pots) a soupe, sive toupis un pour les sa-tenes (une marmite à châtaignes) ; trois petits toupis (pot servant à faire cuire les ragouts de ménage, — cocotte) ; — un poilon à faire les tourtous avec son espatule de fer ; — une andrelière (chambrière) (3) : une basinoires en cuivre rouge bonne point pezée dont la queue en bois ; — une quelière a pos (cuillère à pot) de fer percée avec lequimoir (écumoire) ; — deux grilles de fer ; — 2 fer à repasser ; — 2 lampes cuivres, une assez bonne, l'autre très mauvaise ; — un mortié en pieres de Nazaré : — six petis sandelies en étein non pezé quatre quasé (cassés) ; 2 petis sandelies en quivre jaune, mauvais, deux

(1) Le godet de bois dont il est ici question sert à prendre l'eau dans les seaux, il est muni d'une longue queue percée dans toute sa longueur. Cet ustensile bien limousin est connu sous le nom de *quado*. L'étymologie du mot patois pourrait bien provenir que l'ap-pendice qui orne le godet : *lo quo*.

(2) On désigne à Tulle sous le nom de cloche (en termes cuisine), un récipient en fonte servant à cuire les aliments, cet ustensile est aussi connu sous le nom de *cocotte*.

(3) Etrier que l'on suspend à la crémaillère pour soutenir les pots et les poêles — on le nommait autrefois *Donzelle*.

petites romaines; deux lesse frites (léchos-frites) en fer fort
uze (usées) ; 2 grialles (terrines) de terre noire ; — un moulain
a quafet (moulin à café) ; — un antonoir (un entonoir) de fer
blanc; — 3 trépies pour mettre sur le potager; — 2 broche à traver-
ser des dainde (dinde); — Une pour des oiso (oiseaux) ; un tamis
apoil (en crin) ; deux falots un grand et un petit ; une lanterne
de fer blanc ; — trois pailassons de tourte (panier génerale-
ment destinés à contenir la pâte du pain qu'on veut mettre au
four); trois plus petits ; — une douzène de torchons ; – un
couto pour hacher ; — un hachero (hachette) ; — une petite
sie (scie) et une echele double.

Comme dans toutes les maisons bourgeoises de
Tulle, à cette époque, nous trouvons le pétrin,
chacun faisant son pain pour le ménage ; et aussi
les ustensiles pour les *tourtous*, encore si appré-
ciés de nos jours.

Les récipients en cuivre étaient très à la mode
au xviiie siècle, mais les maisons riches seules en
avaient un assortiment complet ; c'était même,
dirons-nous, une preuve de richesse que l'étalage
dans la rue d'une batterie de cuisine, bien relui-
sante, montrée, le jour de grand nettoyage, après
le lessivage du linge. Aussi voyez quel luxe de
casseroles, cloches, bassines et *chaudrons*, il y en
a plus de *cent huit livres !*

Les Rabanide devaient aimer la bonne chère,
si l'on en juge par tout l'attirail culinaire qui se
trouvait dans cette cuisine : les grandes poissonnières côtoyaient les tourtières usées, ce qui prouve
qu'elles avaient souvent servi à cuire les pâtisse-
ries friandes ; on y trouvait aussi les broches à
rôtir les oiseaux de toutes espèces, et encore
celles pour les dindons.

Mais suivons l'huissier dans la vaste salle dé-
corée du titre pompeux de salon.

C'était plutôt une chambre à coucher qui devait
en même temps servir de salle à manger et

aussi de *salon de réception*, — lorsque les alcoves avaient leurs rideaux tirés.

Il y avait là en effet un mêli-mêlo de choses hétéroclites : un lit à la duchesse, des rideaux en droguet, des couvertures de lit faites avec une vieille robe usée, des tentures en belle tapisserie à paysages, des tables en marbre à pieds sculptés, des glaces à chapiteaux dorés, des vieilles chaises de pailles usées, un devant de cheminée tombant en lambeaux, etc., etc.

Mais c'était bien ici la salle à manger, tout au moins pour les jours de gala, puisque nous voyons, à portée de la main, la provision de liqueurs avec les collections de verres, carafes et flacons. Les nombreux plats ronds et ovales en étain, ainsi que les assiettes plates et les assiettes percées de même métal, les écuelles, etc., toujours en étain, qui servaient, les jours ordinaires, aux ménages limousins de cette époque.

Dans une autre armoire de la même salle, il y avait aussi (grand luxe du temps !) le service en faïence à fleurs : soupières, tasses, soucoupes, sucriers, cafetières, pots à lait, plats ronds et ovales, assiettes, saladiers et moutardiers, etc., etc.

Et toute à part, soigneusement enfermée, l'argenterie. Oh ! pas bien considérable ! Douze couverts avec le service à découper et le service à café. Le tout du poids de 14 marcs 1 once et demie — ce qui de nos jours représente un peu moins de trois kilogrammes et demi d'argent, et vaudrait un peu plus d'un millier de francs.

Voyons exactement ce que contenait cette salle :

Dans le salon : Les ridos de lanquove (rideaux de l'alcove) de deux lès chacun ; — deux ridos un a chaque fenaitres de de trois lès chacun ; tous de toile de coton blancs y ayant des

sarcis (reprises) à touts ; un lit de droget (droguet) à la duchesse (1) garnit d'aindiene (indienne) mordoré avec la cou -
verture égale, les rideaux de droguet bleu très usés et touts
percés, le dedan et la couverture de la même indienne·mor-
doré le tout fait d'une vieille robe très usès ; — une couverture en laine fort rapée ; — deux matelas en queurain (en
crin) ; — une paliasse ; — Un tiroir dessous le lit ; — deux
tantures de tapiseris (tentures de tapisserie) on païsage fort
usées et rapiacées ; une table de marbre rapiécé, avec le piés
de biche peint en gris ; — une petite table de bois ; — un
plian avec son pies (pied) ; -- une glasse (glace) de la hauteur de deux pieds sur un pied et demi de largeur, le cadre
et le chapiteau dorés, la dorure entièrement ternie ; ·—· seze
sese de palles (seize chaises de paille) yi complis (y compris)
uu peti foteul de palles (petit fauteuil de paille). Une taque,
(contre-cœur de cheminée, en fonte dont un angle d'en bas
cassè ; — deux sènes (chenêts) à demi brulés par les bouts ;—
nn chassis pour le devan de la cheminée dont le papier tombe
en lambeaux ; — deux pare vans (paravents) garnis de toile
grise assés bons ; - - un jeu de tric trac en ebene usé les dames
en ivoire ;

Dans l'ormoire ou placard à l'angle du côté de la maison de
Barry 22 veres à pies, (verres à pied) 18 a liqoeurs, 4 gobeles
grans, 6 gobeles, 2 flaquons, 2 quarafes ; boutelles neuf de
vere noir, une quantine (coffre à flacons et bouteilles) ; — deux
huiller de vere.

Le linge figure en assez grande quantité dans
cet inventaire, mais la qualité ne domine pas, il
était en majeure partie déjà usé. Il est à remar-
quer que presque tout avait été confectionné avec
de la toile du pays.

Comme la loi le voulait, à cette époque, la maison avait *ses dras paradours*, c'est-à-dire des
tentures ou draps spéciaux pour parer la façade

(1) Grand lit bas orné de quatre colonnes, deux à la tête, deux au
pied supportant un baldaquin.

quatre échantillons dans notre collection de meubles limousins [1].

DANS LÀ CHAMBRE A QUOTÉ de celle cy dessus aussi sur le devant de la maison du coté de celle de Leyx : un lit à quatre quenouilles les ridos vers de ras de tulle (rideaux verts d'étoffe fabriquée à Tulle) la garniture de ras de Seville ; — une paliasse ; — deux matelas de laine assés bons il y a cependant de l'étoupe en haut et en bas d'un de ces matelas ; — une quoite (couette) ; un quoisain (traversin) de plume tres mauvaise, le couti de la quoite bon, celui du quoisain tres movais; — une petite quouverture de quoton sarcie (reprisée); une de basain (basin étoffe croisée de fil et de coton) brodé de tafe'as ver pité (piqué) ; un quouvre pies piquet de croisé ; — une table de jeu, le tapis vert usé ; — une glasse tasse (tachée). Dans la cheminée une taque petite, deux sénés, un chassis de même papier que la tapisserie de la chambre.

Dans les deux chambres il y a 12 sege (chaises) et 6 foteul (fauteuils) de palles fait a Bergerac assés bons ; 4 quantines dau de quoin (eau de coings) non sucres ; — quatre ridos un a chaque fenètre de trois les pièce, et deux a lanquove (alcove) de deux lés chacun, touts quatre de toile de coton blancs, les ridos usé et sarcis, (rapiécé).

Dans le petit cabinet entre la maison de Leyx et celle de feu Rabanide, 2 sese (chaises) de palles (paille).

Au paillé (palier ou vestibule) avant cette chambre il y a une garderobe asses bonne à deux batans qui contien le linge de feu Rabanide, il y a dedan :

LINGE DE FEU RABANIDE : 26 chemige d'homme de toile de Bretaignes grises ; — 36 chemige fines assés bones ; 7 chemige fines usés ; 11 chemige de toille du païs usé ; — 18 peres bas de quoton blanc demi usé ; — une pere de laine usé ; une pere nanquain (nankin, tissus de coton jaune r.ugeâtre) usé ; — 9 bonnet de quoton presque usé : 15 cols fort usé.

<hr>

[1] Ces quatre *quenouilles* proviennent, nous a-t-on assuré, de la famille Rabanide. Nous les avons achetées avec bon nombre d'autres objets provenant assurément de cette famille.

Dans le petit cabinet derrière lanquove (alcove) une garderobe a deux batans, un tiroir au bas, cette garderobe qui est
assés bonne contient les nipes, linges et hardes de Françoise
Tramond veuve Rabanide. Dans ce cabinet il y a une petite
table très movaise, un petit baldaquin ; les ridos très movais
de ras de S^nt-Godin jaune ; deux petits matelas de laine très
movais, un petit quoisin (traversin une quouverte de toile
piquée et une paliasse.

Mais nous voici arrivés dans le cabinet de
l'avocat, un des mieux achalandés de la ville de
Tulle à cette époque. Nous allons voir qu'il était
difficile d'être plus simplement installé.

Cabinet de feu Rabanide : un bureau composé de deux petites armoires et un tiroir au milieu remplis de papiers des
cliens ; — une table couverte d'un tapis vert très usé ; un tres
petit pliant couvert d'un tres movais tapis ; un petit miroir
dont la glasse a huit pouces de haut avec un cadre doré et
passé ; — dix chezes de paile presque usés ; — un chassis
garni de toile peinte mais persée au devant de la cheminée ;—
un petit soufflet à feu ; — deux petits chénés dont le devant en
cuivre jaune, le fer brulé aux bouts une pelle et une pinsette
usés ; Deux paires de mouchettes.

Une grande bibliothèque vitrée occupait tout le
fond de cette pièce, elle contenait plus de 400
volumes dont nous croyons intéressant de faire
connaître les titres, cela nous dira comment était
composée la bibliothèque de cet homme de loi.
Nous y voyons 48 volumes, la plupart traitant
du droit en latin. En langue française : 239 volumes de droit civil ; 20 volumes de droit canonique;
22 volumes de droit féodal ; 10 volumes d'histoire
ou divers ; 30 volumes dictionnaire français et
3 volumes dictionnaire latin-français et français-
latin. En voici l'énumération, d'après un inventaire spécial dressé par une autre personne que

l'huissier royal dont nous venons de lire le français fantaisiste.

LIVRES IN-FOLIO

Responsa Rebuffi, 1 vol ; *Decretatis de Gregoire IX*, 1 vol. ; *Decretum Gratiani*, 1 v. ; *Traité de l'abus* par Fevret, 2 v. ; *Recueil de jurisprudence canonique* par Guy de Rousseau, 1 v. ; *Usage des fiefs* par Salving, 1 v. ; *Decisionis guidonis*, 1 v. ; *Didaci covarruvias opera*, 1 v. ; *Recueil de procedures civilles*, 1 v. ; *Recueil d'arrêts* par Papon 1 v. ; *Décisions de droit*, 1 v. manuscrit ; *Questions de droit*, 1 v. manuscrit ; *Corps de droit*, 6 v. ; *Pratiqua Rebuffi*, 1 v. ; *Julius Clarus*, 1 v. ; *Repetitis Guillelmi*, 1 v. ; *Œuvres de Jean Bacquet*, 1 v ; *Pandectis* par Rebuffe, 1 v. ; *Jason de actionibus*, 1 v. ; *Commentaires de Bartolle*, 1 v. ; *Codex fabriani*, 1 v. ; *Jacobi concerii resolutiones*, 1 v. ; *Œuvres de Coquille*, 2 v. ; *Controverses de Senèque*, 1 v. ; *Julii clari opera*, 1 v. ; *Opera mornacii*, 2 v. ; *Mornacii observationes*, 1 v. ; *Supplément au glossaire* par Carpentier, 4 v, ; *Glossarium ad scriptores* par Dufraine, 6 v. ; *Jurisprudence de Menoc*, 1 v. ; *Traité des donations* par Ricard, 2 v. ; *Coutume de Troye*, 1 v. ; *Guidonis decisiones*, 1 v. ; *Bocrii decisiones*, 1 v. ; *Arrêts de Provence*, 1 v. ; *Traité des successions* par Le Brun, 1 vol. ; *Œuvres de Despaisse*, 3 v. ; *Coutume de Poitou*, 2 v. ; *Coutume de Bourgogne*, 2 v. ; *Coutume de Paris*, 1 v ; *Arrêts de Meynard*, 2 v. ; *Œuvres de Renusson*, 1 v. ; *Arrets de Louet*, 2 v. ; *Decisions notables* par Cambolas, 1 v. ; *Falciculus temporum*, 1 v. ; *Arrets de Barbet*, 2 v. ; *Journal du palais* par Blondeau, 2 v. ; *Arrets D'Augeau* 2 v. ; *Journal des audiences*, 7 v. ; *Œuvres de Dolive*, 1 v. *Molinci opera*, 2 v. ; *Lapeyrere*, 1 v. ; *Bacquet*, 1 v. ; *Conferences des ordonnances* par Carondas, 2 vol.

LIVRES IN QUARTO

Coutume de Sainte, 1 v. ; *Traité des elections d'héritiers*, 1 v. ; *Traité des testaments* par Furgole, 3 v. ; *Traité des donations* par Furgole, 2 v. ; *Arrets de Catelan*, 2 v. ; *Obser-*

vations de Catelan, 1 v. ; *Recueil d'arrets notables*, 1 v. ; *Journal lu palais de Toulouse*, 6 v. ; *Œuvres de Duperier*, 3 v. ; *Jurisprudence de Gui de Rousseau*, 1 v. ; *Questions de Rodier*, 1 v. ; *Collections de Denisard*, 3 v. ; *Arrêts de Laroche*, 1 v. ; *Arrêts Dalbert*, 1 v. ; *Reglement de la cour de Guiene*, 1 v. ; *Traité des secondes noces*, 1 v· ; *Coutume d'Auvergne*, 1 v. ; *L'esprit des ordonnances* par Sallé, 1 v. ; *Traité de la révocation*, 1 v. ; *Justice civille et criminelle* par Jousse, 6 v. ; *Plaidoyers*, Despili, 1 v. ; *Commentaires Schudevin*, 1 v. ; *Traité des lois* par Philibert, 1 v. ; *Observations du droit* par Carondas, 1 v. ; *Arrets de Bougnier*, 1 v. ; *Définition du droit canon* par M. F. C. D., 1 v. ; *Pratiques de Ducas*, 1 v. ; *Jurisprudence ecclesiastique*, 2 v. ; *Justice des Seigneurs* par Jacquet, 1 v. ; *Jurisprudence* par Daguesseau, 1 v. ; *Regles judiciaires* par Duval 1 v. ; *Observations du droit* par Meynard, 1 v. ; *Reglemens sur les scellés*. 1 v ; *Matières bénéficiales*, 2 v. ; *Plaidoyers d'Henris*, 1 v. ; *Pratiqus civile* par M. Lange, 1 v. ; *Esprit des ordonnances*, par Sallé, 2 v. ; *Science des notaires*, 2 v. ; *Praticien français* par M. Lange, 2 v. ; *Pratique universelle*, 6 v. ; *Traité des fiefs* par Guiot, 7 v. ; *Traité des fiefs* par Pocquet, 1 v. ; *Traité des lods et ventes* par Fournau, 1 v. ; *Traité de curés primitifs* par Furgole, 1 v. ; *Droits seignoriaux* par Boutaric, 1 v. ; *Diction naire des fiefs* par Renoldon, 1 v. ; *Notaire apostolique*, 1 v. ; *Ad usum hillarii*, Le Luc, 1 v. ; *Pratiques d'Imbert*, 1 v. ; *Procès civils* par Le Brun, 1 v. ; *Droit Français* par H. M., 1 v. ; *Chenu*, 1 v. ; *Questions de Durant*, 1 v. ; *Arrets de Papon*, 1 v ; *Doctrine des arrets* par Jovet, 1 v. ; *Clari commentarius*, 1 v. ; *Des droits religieux* par Tournet, 1 v. ; *Œuvres de Loiseau*, 2 v. ; *Peregrin*, 1 v. ; *Bacquet*, 1 v. ; *Commentaires sur les ordonnances*, 1 u. ; *Plaidoyer de M. Le Mestre*, 1 v. ; *Fachinci controversarium opus*, 1 v. ; *Dictionnaire de Joubert*, 1 v. ; *Dictionnaire latin français*, 1 v. ; *Code des décisions*, 1 v. ; *Droit français* par H. L., 1 v. ; *Institutions de Serre*, 1 v. ; *rocedure des officiaux*, 1 v. ; *Institutes de Justinien* par Boutaric, 1 v. ; *Jurisprudence de Bordeaux*, 1 v. ; Dunod, *Traité des prescriptions*, 1 v. ; *Jurisprudence de Guipape*, 1 v. ; *Traité des servitudes*, par Lalaure, 1 v. ;

Coutume de Sens, 1 v. ; *Ordonnances de Louis XV*, 2 v. ; *Ordonnances de Louis XIV*, 2 v ; *Conférences d'automne*, 1 v. ; *Ordonnances des testamens et donations*, 1 v. ; *Conferences de Bornier*, 2 v. ; *Code du faux* par Serpillon, 1 v. ; *Preuves par temoins*, 1 v. ; *Coutume de Bordeaux*, 1 v. ; *Jurisprudence* par Proste de Royer, 5 v. ; *Ordonnances de Louis XIV sur les eaux et forêts*, 2 v. ; *Histoire de France abregée*, 1 v. ; *Sæpolo die servitutibus*, 1 v. ; *Le grand vocabulaire français*, 30 v. ; *Dictionnaire de l'académie*, 2 v. ; *Droit des gens* par Vatel, 2 v. ; *Théologie* par Bergier, 3 v.

LIVRES IN-OCTAVO

Memorial alphabétique, 1 v. ; *Biblia sacra*, 1 v. ; *Recueil de jurisprudence féodale* par L. T., 2 v. ; *Traité de tutelle* par Astruc, 1 v. ; *Œuvres de Daguessau*, 11 v. ; *Jurisprudence des rentes*, 1 v. ; *Traité sur l'édit des hypothèques*, 1 v. ; *Lois des bâtimens* par Degodé, 1 v.

LIVRES IN-DOUZE

Traité de la séduction par Fournel, 1 v. ; *Contrats de mariage* par Potier, 2 v. ; *Explication de l'ordonnance* par Serre, 1 v. ; *Droit public* par Fleury, 3 v. ; *Traité d'obligation* par Potier, 2 v. ; *Ordonnance civille et criminelle*, 4 v. ; *Pratique de Colombet*, 1 v. ; *Institutes de Justinien* par Faiere, 7 v. ; *Traité des hipotèques*, 1 v. ; *Droit françois* par Pocquet, 1 v. ; *Traité de la communauté*, 2 v. ; *Contrats de louage*, 1 v. ; *Contrats de rentes*, 1 v. ; *Contrats de bienfaisance*, 2 v. ; *Contrats de ventes*, 1 v. ; *Traité des fiefs*, 3 v. ; *Traité du droit d'habitation*, 1 v. ; *Contrats aleatoires*, 1 v. ; *Traité de la juridiction des officiaux* par Jousse, 1 v. ; *Institutions aux droits de legitime*, 2 v. ; *Traité des retraits*, 1 v. ; *Code des curés*, 1 v. ; *Droits honorifiques* par Marechal 2 v. ; *Traité des portions congrues*, 2 v. ; *Eloges de Fremiot*, Chantat, 1 v. ; *Maximes de droit canonique*, 2 v. ; *Geograffie de Buffler*, 1 v. ; *Institution au droit éclesiastique* par Fleuri, 2 v. ; *Matières bénéficiales* par Charloteau, 1 v. ; *Institutes de Justinien*, in-24, 1 v. ; *Antonii Perréz institutiones*, 1 v. ; *Histoire de Suede*, 1 v. ; *Codes des décrets de l'assemblée constituante*, 18 v.

Barrat tomes I et III ; *Fabrii opus pars secunda ; Communium opinionum sintagma, tommus primus grassus*, 1 v. ; *Liber sextus decretalium Bonifacii*, 1 v. ; *Fabre*, 1 v, ; *Benedicti Justiniani, tomus secundus ; Tractatus de successionibus* par Grasse, 1er vol.

Nous avons pu retrouver une bonne partie de ces ouvrages que nous conservons.

Au troisième dans la chambre du domestique un lit à quatre quenouilles avec un rido bleu une quoite (couette) ; une paliasse et un quousain (traversin) et une quouverte de toile piquet le tout très movais ; — un vieux foteul bleu couvert d'etoffe du païs ; 6 seze de pailles très movaises.

Dans les chambres sur le devan deux vieux quofre ; 6 sese de pailles, un eminal (mesure pour les grains) et sa rasoire ; une paliasse de lit ; une pèle de bois ; un tambonr (autre mesure pour les grains et matières sèches) ; — un plian sans pies.

Au galetas chambre de derrière de la maison : Deux bois de oteul (fauteuils) sans garniture que toile et un peu de queurain (crin); quelque planche de latte (planches minces pour toiture) de vieux bois de l'ancienne charpente, des tuilles creux conservés tant pour la maison de Tulle que pour la couverture de La Fage quand on fait recouvrir.

Ainsi se terminait l'inventaire du mobilier qui se trouvait dans la maison de J.-B. Rabanide, après sa mort. C'était peu confortable, en raison de la situation sociale de cette famille, mais il ne faudrait pas en conclure que le goût du bien-être, du luxe même, n'existait pas à Tulle au xviiie siècle, nous avons sous les yeux d'autres inventaires dressés à Tulle à la même époque et nous y voyons des salles dont les planchers sont recouverts de tapis de turquie, où sur les murs sont étendues des tapisseries à paysage, de Bergame, et où les ciels de lit sont en toile peinte au pinceau, ce qui dénote certes une luxueuse habitation.

Tulle, Imp. CRAUFFON, 11-904.